AF259879

Couverture inférieure manquante

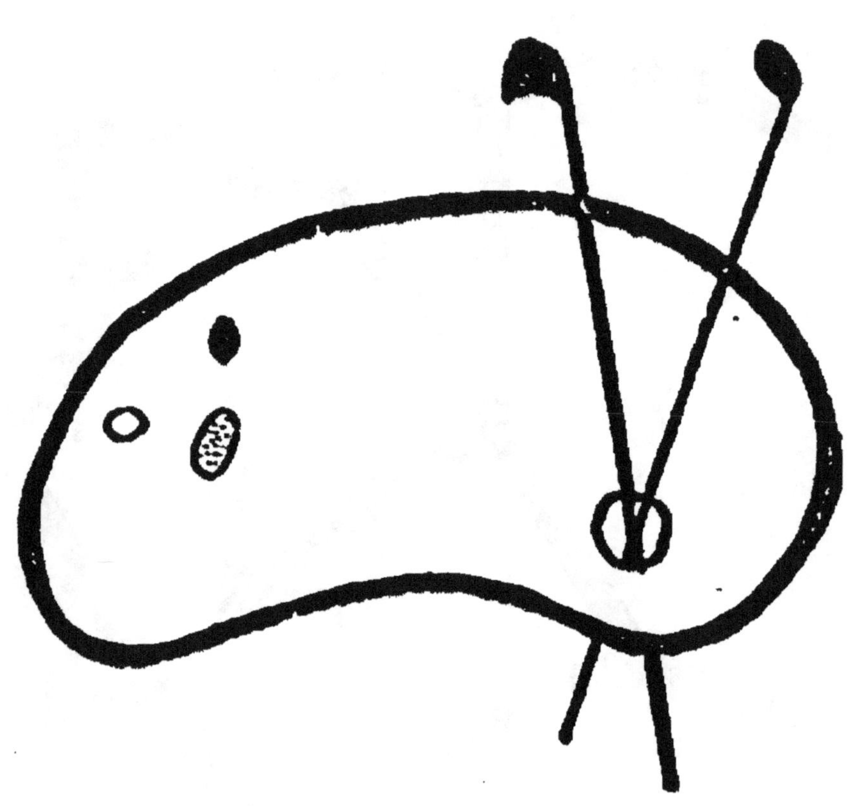

DEBUT D'UNE SERIE DE DOCUMENTS
EN COULEUR

PUBLICATIONS

DE L'ASSOCIATION HISTORIQUE DE L'AFRIQUE DU NORD

LES FOUILLES D'EL KENISSIA

(PRÈS SOUSSE)

PAR

LE DR CARTON

PARIS

ERNEST LEROUX, ÉDITEUR

28, RUE BONAPARTE (VIᵉ)

1900

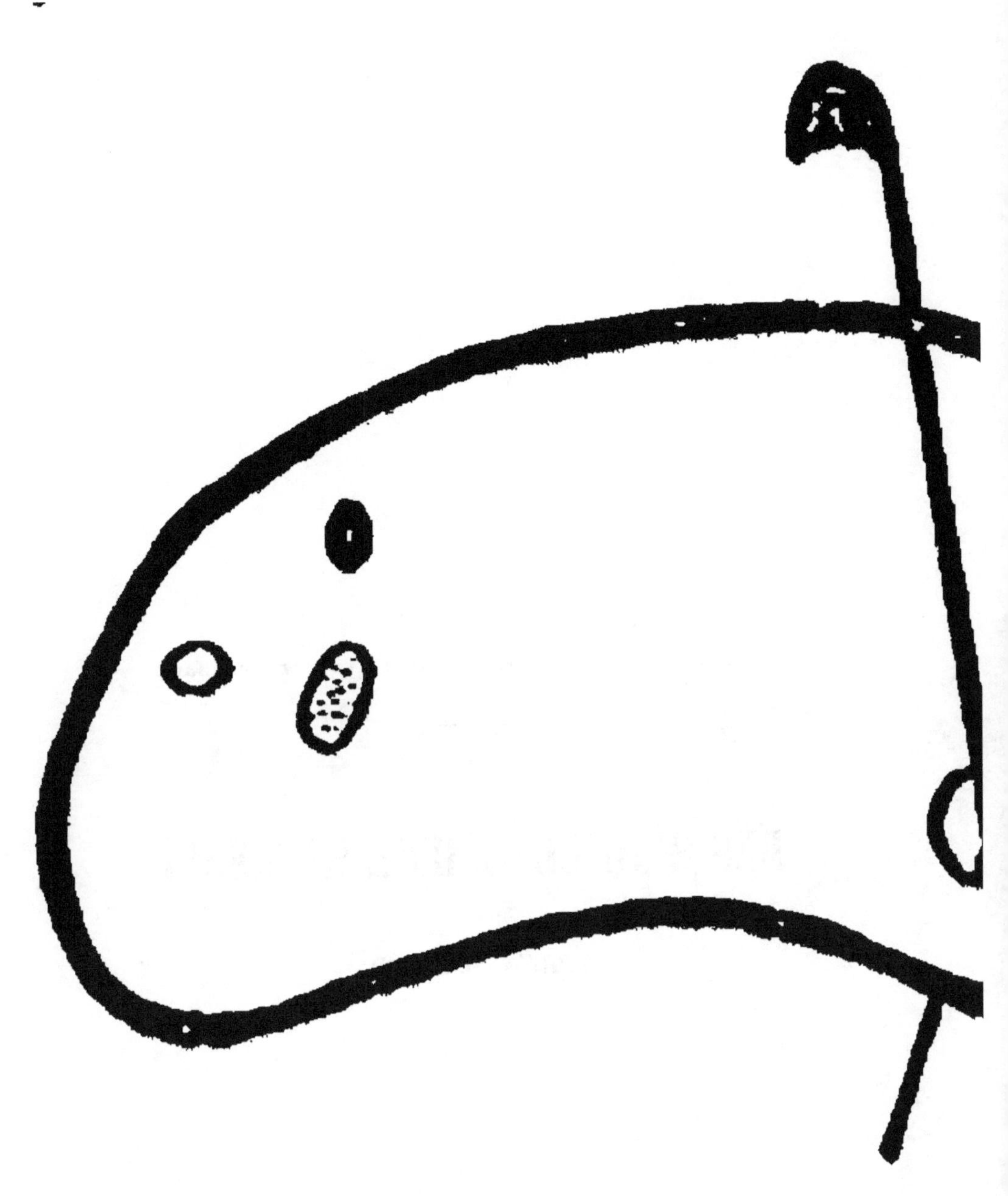
FIN D'UNE SERIE DE DOCU
EN COULEUR

PUBLICATIONS

DE L'ASSOCIATION HISTORIQUE DE L'AFRIQUE DU NORD

LES FOUILLES D'EL KENISSIA

(PRÈS SOUSSE)

PUBLICATIONS

DE L'ASSOCIATION HISTORIQUE DE L'AFRIQUE DU NORD

LES FOUILLES D'EL KENISSIA

(PRÈS SOUSSE)

PAR

LE Dʳ CARTON

PARIS

ERNEST LEROUX, ÉDITEUR

28, RUE BONAPARTE (VIᵉ)

1906

LES FOUILLES D'EL KENISSIA

(PRÈS SOUSSE)

I. — Avant-Propos

Les recherches dont il va être question ont été exécutées
au cours d'une campagne de fouilles entreprise à l'aide de
subsides fournis par l'Académie des Inscriptions et Belles-
Lettres, et par l'Association Historique. Le plan des travaux à faire avait été communiqué au préalable à chacune
de ces Sociétés. Ce sont les résultats obtenus dans la partie
fouillée pour la seconde qui vont être exposés[1].

Les travaux relativement considérables que j'ai effectués
ont pu l'être de la manière la plus économique par la main-
d'œuvre du 4ᵉ régiment de tirailleurs, qu'avait bien voulu
mettre à ma disposition, sous la surveillance de M. le capitaine Ordioni, M. le colonel Calley de Saint-Paul, à qui
j'adresse l'expression de ma respectueuse reconnaissance
pour le concours qu'il m'a prêté en cette circonstance.

Les ruines d'El Kenissia sont situées à 6 kilomètres de
Sousse, auprès du village de Ksiba qui paraît avoir succédé
lui-même au centre antique dont malheureusement mes
recherches ne m'ont pas permis de retrouver le nom. Les
habitants de Ksiba y ont puisé les pierres nécessaires à la
construction de leurs maisons.

Il y a en ce point les restes d'une petite ville dont plu-

---

1. Un rapport sur l'autre partie de ces fouilles a été donné dans les
Mémoires des savants étrangers publiés par l'Académie des Inscriptions
et Belles-Lettres sous le titre : *Le sanctuaire punico-romain d'El Kenissia.*

sieurs monuments sont reconnaissables. Je donne à la fin de cette étude l'indication de ceux-ci. On pourra se reporter pour connaître leur situation au plan ci-joint (pl. III). C'est la description des monuments explorés pour le compte de l'Association historique qui va être faite tout d'abord.

II. — Le grand édifice en blocage (Pl. I).

Ce monument est situé au sud-est du sanctuaire punico-romain, dans un coude formé, avant sa descente vers l'Oued Hamdoun, par une route venant de Tunis.

Il est établi sur un plan presque carré, l'un de ses côtés mesurant 40 m., et l'autre 41^m,20. Plusieurs piliers indiqués sur le plan[1] et appliqués sur ses faces en augmentaient la solidité. Construit en blocage avec un revêtement extérieur en pierres de taille, il devait atteindre une grande hauteur, car ses débris formaient avant les fouilles des masses réellement imposantes, disséminées sur toute sa surface. L'un des blocs, que j'ai respecté pour donner une idée de cette masse, mesure encore plus de 6 m. de longueur sur 5 m. de largeur et 3 m. d'épaisseur. J'ai dû faire sauter un certain nombre d'entre eux, afin de dégager le monument, laissant tous ceux qui pouvaient renseigner sur sa forme et sa hauteur, ou présenter certains détails particuliers à sa disposition.

Je supposais en outre que ces masses n'avaient pas été déplacées depuis leur écroulement et qu'ayant protégé ce qui se trouvait au-dessous d'elles l'édifice présenterait en ces points inviolés nombre de restes intéressants. Mes prévisions ne se sont réalisées qu'en partie. En effet, dans cette région du Sahel, la chasse aux matériaux de construction a été de tous temps très active et, — ce fait sera un ensei-

---

1. Où les dimensions en ont été indiquées avec un peu plus de précision qu'on n'en trouve sur le terrain.

gnement pour ceux qui y entreprendront des recherches —
la plupart de ces grosses constructions en blocage, si nombreuses en une contrée où la pierre de taille fait défaut,
ont longtemps résisté aux hommes et aux météores en sorte
qu'on a eu, le plus souvent, tout le temps d'en enlever le
contenu. Marbres, inscriptions et statues ont d'abord passé
dans le four à chaux. C'est seulement plus tard que l'on
s'est attaqué aux énormes murs, les ruinant par la base,
jusqu'à ce qu'ils s'écroulent.

L'étude des blocs qui se trouvaient sur le monument
me servira plus loin à tirer quelques conclusions sur sa
disposition générale.

En dehors de la masse, qui est en blocage, les angles, les
parties courbes, les cintres et les pieds-droits sont en belles
pierres plates, de 15 centimètres d'épaisseur environ, formant des espèces de dalles, en ce calcaire poreux, léger et dur
que l'on trouve partout sur les côtes du Sahel, notamment
à Hergla et à Monastir. On verra plus loin que les voûtes
sont en majeure partie formées de pierres volcaniques.
Extérieurement on ne voit plus, de l'antique construction,
qu'un soubassement clos de toutes parts, sans ouverture,
dont les murs ont de 1 m. à 2 m. de hauteur. La limite
supérieure de ce soubassement ne se trouve pas, comme l'a
écrit M. Molins[1], à des hauteurs différentes sur chaque
face. Ce sont les ondulations du sol qui ont dû faire naître
cette opinion.

En réalité la saillie de ce soubassement correspond au
sol intérieur de l'édifice et elle offre, comme lui, deux
niveaux différents.

1. *Bulletin archéologique*, 1894, p. 366 : *Notes sur les ruines d'El Kenicsia.*
L'auteur de cet article, dont les erreurs d'interprétation s'expliquent parfaitement en raison du peu de moyens d'exploration dont il disposait, y
a étudié la plupart des monuments apparents. C'est le sanctuaire punico-
romain, avec ses autels, qu'il a pris pour une nécropole avec des mauso-
lées. Ce qu'il croit être un établissement de bains est à mon avis et
comme je le dirai plus loin, des citernes publiques et le *macellum*. Enfin
ce qui a été pris pour une basilique est à coup sûr un théâtre.

En raison de son élévation au-dessus du sol moderne, on est en droit de se demander si, antérieurement, le monument n'était pas beaucoup plus enfoui que de nos jours.

En revanche presque tout ce qui s'élevait au-dessus du soubassement a été renversé; les murs, là ou ils sont encore en place, n'ont pas plus de 1^m,50 à 2 m. de hauteur. En sorte qu'à l'exception des citernes situées dans la moitié sud du monument, il ne reste sur une grande partie de son étendue, que les substructions de l'édifice. La salle J est la seule qui ait conservé des restes de murs assez apparents.

En somme l'ensemble du monument est formé par un soubassement à peu près carré, cantonné par deux tours situées l'une dans son angle S.-E. et l'autre vers l'angle S.-O. Ces tours et le mur qui les réunit sont, en outre, bordés à 2^m,50 de distance par un autre mur qui lui est parallèle.

L'existence de ces massifs cylindriques se comprend d'ailleurs et s'explique par ce fait qu'ils sont à l'angle des citernes, dont les parois avaient à subir une forte poussée. Si cette explication est juste il faut admettre que le mur *a b* dont il vient d'être question a été ajouté ultérieurement à la construction.

Pénétrons dans l'édifice par l'espace qui sépare ce mur de la tour d'angle S.-O.

Cette dernière mesure 2^m,60 de diamètre. Elle est construite en pierres de petit appareil, disposées par assises bien régulières, que séparent à une certaine hauteur des lits horizontaux de pierres plates plus résistantes que les autres et qui semblent presque former bandeau en raison de leur régularité.

Le mur sud, épais de 1 mètre, présente extérieurement en son milieu, un pilier de renfort quadrangulaire de 1^m,50 de côté. Il a été détruit vers le sud-ouest et sur le tiers de sa longueur par le procédé qui a permis aux Arabes d'avoir raison, dans le pays, des édifices les plus résistants. Un ou

1

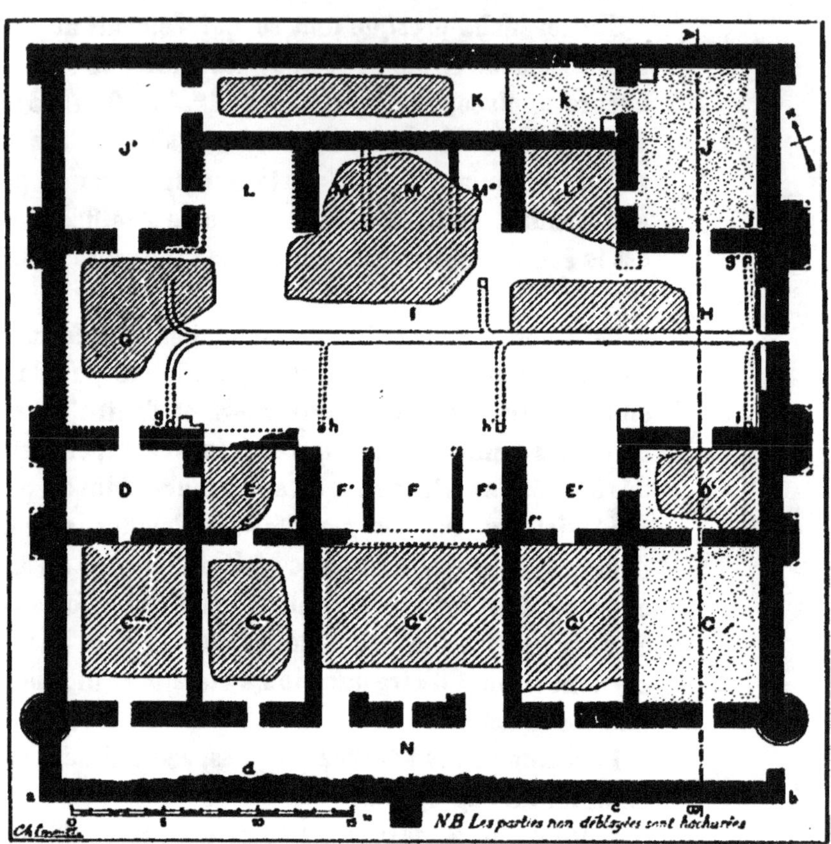

2

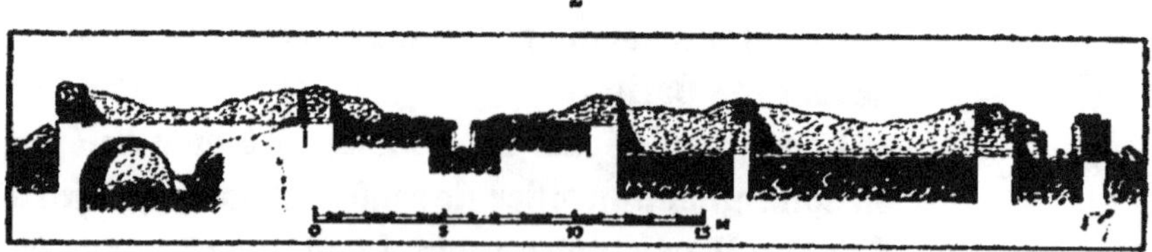

LE GRAND ÉDIFICE EN BLOCAGE.

1 Plan d'ensemble. — 2 Coupe suivant A B.

plusieurs lits de pierres ont été peu à peu enlevés à ras du sol, jusqu'à ce qu'un jour la masse, manquant de point d'appui ait basculé[1].

A la face supérieure de ce mur on note un détail intéressant.

On voit très nettement en *c* une espèce de large surface plane sur laquelle devait reposer un autre mur d'environ 50 centimètres d'épaisseur qui formait la paroi de la salle située au-dessus. Cette remarque a son importance, car elle donne vraisemblablement le niveau du sol des pièces qui surmontaient le soubassement.

Le couloir dans lequel nous venons de pénétrer, et qui s'étend d'une tour à l'autre était couvert par une longue voûte en berceau d'une élévation de 1^m,60 seulement, au-dessus de son sol. Sept portes ou baies donnent sur lui. Ce sont les ouvertures des citernes dont il sera bientôt question. Chacune de ses extrémités présente une disposition différente. Près de la tour S.-E. est une ouverture limitée d'un côté par cette tour et de l'autre par un pilier.

Vers la tour S.-O. il n'y a pas de pilier. Une fouille pratiquée en ce point y a révélé l'existence d'un mur en équerre avec le mur *a b*, intérieurement lié à lui, mais dont l'extrémité venait toucher la tour, sans qu'il y ait entre les deux la moindre liaison. Ce détail, assez inattendu et qui n'est pas visible sur le plan, a son importance. J'y reviendrai plus tard.

De même, la voûte en berceau qui recouvrait ce couloir faisait intérieurement corps avec le mur extérieur, tandis qu'elle reposait tout simplement sur un rebord du mur opposé (voir la coupe suivant A. B).

On dirait que cette saillie appartenait primitivement au soubassement extérieur du monument et que plus tard en

---

1. C'est ainsi que les énormes blocs dits « Blocs géants » de Sousse ont été renversés.

voulant y ajouter le couloir, on y a simplement posé le cintre. La liaison entre les deux existe si peu que ce défaut de construction a failli être la cause d'un grave accident. La voûte en berceau avait perdu sur toute sa longueur sa partie médiane, celle qui en constituait la clef, mais il restait encore de chaque côté d'assez grands fragments soutenus par les terres de remplissage. Lorsque les ouvriers déblayèrent ce passage un des fragments posés sur le rebord, s'en détacha tout d'un coup et commença à tomber lentement, menaçant d'écraser les hommes. Elle fut fort heureusement arrêtée en chemin par une masse de terre qui n'avait pas été enlevée.

J'ajouterai, pour en terminer avec le couloir, qu'il y a en *d* du plan, un massif de maçonnerie longitudinal à surface irrégulière, reposant sur le sol ancien. Il semble qu'il y ait eu là un travail de consolidation à la base des pieds-droits de la voûte.

Les sept ouvertures qui donnent sur ce couloir le font communiquer avec cinq pièces dont quatre sont placées symétriquement deux à deux de chaque côté de la médiane, qui a trois portes. Elles sont de petites dimensions, mais construites avec beaucoup d'art. Des pierres plates, très habilement assemblées, en constituent les pieds-droits et les voussoirs. Elles ont une largeur de 80 à 90 centimètres. Quant à leur hauteur, quoique le cintre d'aucune d'elles ne soit conservé, comme plusieurs des voussoirs les plus voisins des pieds-droits sont encore en place, on peut affirmer qu'elle n'était pas supérieure à environ 1 mètre. Il est possible que ces ouvertures aient été surmontées d'un arc de décharge, disposition que présente la seule porte des citernes dont la partie supérieure soit conservée en *e*[1].

On saisit de suite qu'avec ces dimensions il ne peut s'agir d'ouvertures faisant communiquer les locaux d'une habitation, et qu'on doit penser à des réservoirs.

1. Cette porte fait communiquer les salles E et G".

Celui qui était au centre, présente, on le sait, trois ouvertures donnant sur le couloir. Le pilier qui les sépare est, comme le montre le plan, pourvu à l'intérieur de renforts ayant pu servir à l'établissement de voûtes d'arête, nécessaires pour couvrir une aussi grande surface.

Il est utile de noter, dès maintenant, que la naissance de la voûte du couloir est à 30 centimètres plus bas que celle de ces portes, et que d'autre part elles s'appuient toutes sur les mêmes pieds-droits.

Les pièces sur lesquelles s'ouvrent ces baies étaient complètement remplies de débris de voûtes écroulées, constituant une masse épaisse de 2 mètres. Une seule d'entre elles, C, a été vidée à fond; C''' et C'''' ont été l'objet d'un dégagement partiel, qui a permis de se rendre compte de leur disposition. Les autres ont simplement été déblayées au voisinage des portes dont il vient d'être question.

Les deux salles extrêmes, qui sont symétriques, ont 6ᵐ,70 sur 8ᵐ,80. Leurs parois portent les restes d'un fort enduit en ciment de tuileaux, épais de 3 centimètres en moyenne. Le sol en est formé par un enduit en ciment blanc, sans tuileaux.

Je n'ai pu acquérir aucune certitude sur la hauteur qu'avaient ces pièces. Mais il me semble peu probable qu'elles aient dépassé le sol des pièces G H; ce qui permet de leur attribuer une élévation de 1ᵐ,80.

L'opinion la plus plausible serait que les murs de ces réservoirs, tels qu'ils subsistent actuellement, constituaient les pieds-droits de grandes voûtes les recouvrant. En raison de leur portée et de la forme presque carrée de la surface à recouvrir, ce devaient être sans doute des voûtes d'arête. Plusieurs poteries en forme de seringues trouvées en ce point me font croire que ce mode d'allégement avait été employé ici.

Un fait, en dehors de la présence d'un enduit en ciment

de tuileaux, prouve bien que ces chambres étaient des réservoirs. C'est l'existence dans l'un des blocs écroulés à l'intérieur d'un long tuyau formé de tubes en terre cuite, d'un diamètre de 10 centimètres, absolument semblable à un tube que j'ai trouvé en place, dont je parlerai plus loin, et qui servait à l'adduction des eaux de pluie.

Les deux compartiments C et C'''' communiquaient avec deux autres réservoirs D et D', plus petits et les séparant de G H, par des portes, dont l'une entre C et D' a son cintre détruit et mesure 63 centimètres de largeur.

Les pièces C''' et C' ont la même disposition que leurs voisines, dont il a été question et mesurent 5^m,35 sur 8^m,80. La porte *e* a été dégagée. C'est elle qui présente au-dessus de son ouverture l'arc de décharge dont il a été question précédemment. C'est en faisant communiquer E et C''' que l'enduit en ciment de tuileau de ces réservoirs est le plus remarquablement conservé. Il est d'ailleurs loin de présenter la résistance qu'on est habitué à trouver à cette partie des monuments datant de l'époque romaine. Les fragments de brique y sont si nombreux et si gros que l'enduit a une teinte généralement rouge.

Cette friabilité du revêtement et du mortier de la maçonnerie est un caractère commun à la plupart des monuments d'El Kenissia; je l'ai observée en particulier au sanctuaire punico-romain.

Il semble d'ailleurs que ces considérations soient applicables à toute la région. Les « Blocs Géants » de l'antique Hadrumète, si remarquables par leur masse énorme, n'ont guère plus de résistance. C'est seulement grâce à leur grande épaisseur qu'ils ont subsisté jusqu'ici. Un coup de masse porté sur les parties un peu saillantes a vite fait de les pulvériser, ce qu'on n'obtient que très difficilement dans la plupart des autres constructions romaines de l'Afrique.

Une autre particularité, très curieuse, de la maçonnerie de cet édifice, à laquelle j'ai déjà fait allusion, est que les voûtes en sont presque exclusivement formées de pierres grosses comme le poing, en lave et en pierre ponce. La couleur foncée de ces éléments ressort d'ailleurs parfaitement sur la blancheur du mortier qui les réunit.

Ce mode semble avoir été très employé en Afrique et sur la côte à un moment donné. Je l'ai notamment rencontré dans un édifice de Sousse probablement romain, et certainement antérieur à l'époque arabe, ce qui fournit déjà une donnée pour dater le monument qui est étudié ici.

Dans la ruine des « Blocs Géants », la *hadjar maktouba* des Arabes, qui a été longtemps considérée comme les restes d'un théâtre, les masses énormes qui les signalent au loin renferment une grande quantité de pierre ponce. Un sondage que j'y ai pratiqué m'a fait rencontrer, au-dessus de soubassements en pierres de taille, une couche de près de deux mètres d'épaisseur formée de débris de blocage dans lequel les pierres volcaniques entrent pour plus de moitié[1].

D'après l'étude que j'ai faite des blocs où se voient ces pierres, il semble qu'on les ait employées surtout dans les voûtes ou les grosses masses, pour leur donner plus de légèreté.

On peut, à ce propos, se poser une autre question. D'où provenaient ces fragments de lave, de pierre ponce?

On ne trouve rien de semblable dans le pays ni dans l'Afrique du Nord et je n'en ai guère rencontré que vers la côte. C'est évidemment de Sicile qu'ils ont été tous transportés ici. D'après les renseignements que j'ai pu me procurer, les entrepreneurs tunisiens font encore venir de cette région de la lave régulièrement taillée, pour l'employer dans les constructions qu'ils veulent rendre légères.

1. J'ai déposé un de ces blocs au musée de Sousse, et il y en a aussi dans la collection d'études de la Société archéologique de Sousse. A Carthage on trouve très souvent de gros fragments de lave dans les murs des édifices. Dans les thermes d'Antonin il y a des blocs entiers qui en sont presque entièrement composés et El Bekri raconte d'ailleurs qu'il y a vu encore une voûte en pierre ponce.

Il est possible qu'il en ait été de même autrefois.

Le grand compartiment C″ qui s'ouvrait par trois portes sur le couloir Sud, donnait-il comme les autres sur des pièces situées en arrière de lui?

Je le crois sans être en mesure de l'affirmer. Tout le mur postérieur en a été dernièrement détruit à l'aide d'une tranchée dont j'ai retrouvé les restes. Pourquoi s'est-on spécialement attaqué à lui, laissant de côté les murs voisins? C'est vraisemblablement parce qu'il était en pierres de taille, indication utile pour la reconstitution de l'édifice.

Les compartiments D, E, E′, D′ n'offrent rien de particulier. Ils sont au même niveau que les pièces C et C″ avec lesquelles ils communiquent. L'enduit en ciment de tuileau qui les revêt montre qu'il s'agit de citernes. On peut en outre, faire dans deux d'entre elles une constatation indiquant qu'il s'agit de réservoirs pour l'eau.

Il existe, en effet en *f*, *f′* dans les pièces E et E′ deux canaux verticaux ménagés dans le mur et dans lesquels il y avait primitivement des tubes cylindriques en terre cuite dont on voit les restes. Ils étaient évidemment destinés à amener jusque là les eaux pluviales tombées sur la terrasse du monument. Ces canaux, qui sont ouverts vers l'intérieur de la pièce se terminent en bas en se rapprochant peu à peu de la surface du mur. C'est évidemment en ce point que le tube changeait de direction pour sortir et s'ouvrir au-dessus du réservoir. C'est là sans doute qu'il traversait la voûte, à en juger d'après ce qui existe dans la pièce J.

Ces tubes devaient avoir environ 10 cm. de diamètre, d'après les dimensions des rainures verticales qui les contenaient.

J'en viens maintenant à la partie centrale du monument, celle dont la disposition est à la fois la plus complexe et la plus difficile à saisir.

Pour la clarté de la description je supposerai que cette partie formait une espèce de grande salle s'étendant d'une face à l'autre de l'édifice, le long des réservoirs dont il vient d'être question.

Le sol en était certainement dallé, car la surface du mortier, ou du blocage qui le forme actuellement porte encore une couche de chaux dans laquelle le relief des joints est bien visible.

Au dessous de ce dallage, exactement dans l'axe et au milieu de la pièce, s'étendait, sur toute sa longueur, un canal large de 60 cm., profond de 1 m., revêtu d'un enduit en ciment renfermant des particules charbonneuses sans tuileaux, qui prend naissance vers l'extrémité ouest de la pièce II, à la jonction de deux canaux courbes, en sorte que l'ensemble de ces trois conduites a la forme d'un Y à branches courbes. On voit très nettement que sur toute son étendue la conduite était recouverte de dalles. Sur la haste de l'Y, s'insèrent perpendiculairement, de chaque côté, d'autres canaux, au nombre de trois, un vers le Nord et deux autres vers le Sud. Les deux conduites courbes ont 70 cm. de profondeur sur 40 cm. de largeur, près de leur point de jonction, et il ne m'a pas été possible de les mesurer au-delà.

Les autres canaux mesurent près de leur embouchure 40 cm. de largeur, mais ils vont en diminuant rapidement de dimension à mesure qu'ils s'en éloignent. L'un d'eux, près de son origine, dont il sera question plus loin, mesure 30 cm. Enfin au point où leur paroi orientale vient se joindre à celle du collecteur, elle forme avec elle un angle courbe destiné évidemment à faciliter le changement de direction de l'eau, disposition qui indiquerait de suite, à défaut d'autre donnée, dans quel sens le liquide s'écoulait.

Ces sept conduites, qui alimentaient le canal principal, prennent chacune naissance à un orifice pratiqué sur leur face supérieure, de forme carrée ou rectangulaire, et ménagé dans le dallage de la pièce, au pied de l'un des murs qui l'entourent.

Deux de ces ouvertures sont assez bien conservées pour qu'on ait pu en prendre les mesures exactes, en g g'. La première a 32 cm. suivant le côté qui est parallèle au mur, et 25 cm. sur l'autre côté ; la seconde mesure 18 cm. dans les deux sens.

Le canal collecteur s'ouvre extérieurement dans la paroi orientale de ce monument. La section en ce point en est très nette; un sondage, auquel je n'ai pas assisté, fait à son pied, aurait fait découvrir une tombe et un lot de monnaies de bronze.

Mais aucune indication n'a été rencontrée sur ce que devenait au delà cette conduite : si elle se continuait à l'extérieur, ou si elle s'y déversait dans quelque bassin.

Le radier du canal est à près d'un mètre au-dessus du sol actuel.

Faut-il admettre la dénudation, à une aussi grande profondeur, de tout le terrain entourant le monument avec disparition du canal extérieur ou du bassin où aboutissait la conduite? Il serait nécessaire de déblayer complètement ce point pour le savoir.

En tous cas, le fait est à rapprocher de celui qui a été indiqué plus haut relativement au couloir a. d. b. On a vu qu'il recevait les eaux de citernes; il n'est pas fermé à son extrémité b.

Ces constatations conduiraient à une hypothèse d'après laquelle il y aurait eu sur tout le côté oriental du monument et en dehors de lui un bassin reliant le canal G H et le couloir a. d. b.

La situation de chacun des affluents du canal principal est à noter. Ceux des deux extrémités, au nombre de quatre, ont leur orifice supérieur au pied de murs et dans un angle des pièces.

Les deux canaux secondaires situés au sud du grand canal semblent aussi avoir pris naissance au pied d'un mur, mais ce n'est pas certain. Ceci m'amène à discuter la forme de la grande pièce centrale.

Vers ses extrémités elle est très nettement séparée des pièces D, D', J, J', par des murs. Mais il n'est pas certain que ceux-ci, se prolongeant, l'aient complètement isolée des salles intermédiaires E à E', L à L', c'est-à-dire qu'on ne peut déterminer si la salle avait une forme rectangulaire ou si elle offrait à chacune de ses extrémités une partie plus étroite.

En effet dans le prolongement de ces murs qui séparent G de D et de J' et H de D' et de J, on ne voit aucune trace de maçonnerie. Il est d'autre part impossible de dire si les pièces F F' F″ étaient des citernes comme les voisines, car : 1° si on ne trouve pas au Nord de mur les limitant, il est possible qu'il ait disparu, la roche ou le béton du soubassement affleurant le sol en ce point ; 2° le mur qui en forme la paroi sud a été complètement détruit.

Resterait un élément d'appréciation ; ce serait le niveau du sol. S'il avait été le même que celui des citernes c'est apparemment parce qu'il avait communiqué avec elles. Je n'ai malheureusement pas eu le temps de faire le travail, bien court cependant, de sonder à l'intérieur de ces pièces. Mais il me semble que la question peut être tranchée par la lecture même du plan. On y voit en effet que les orifices des affluents du grand canal sont sur la même ligne ; et qu'entre h et h' et l'extrémité des murs voisins il y a juste l'épaisseur de la paroi que l'on supposerait avoir existé.

La destination de la pièce H. I et par suite celle du monument semblerait donc pouvoir être déterminée par la présence des canaux et de leurs orifices. Il n'en est malheusement rien... Je ne connais qu'un seul dispositif qui ait quelque rapport avec celui-ci. C'est à El Djem, dans les thermes, où des regards carrés, fermés jadis par des dalles et placés dans le sol des salles, donnent sur un égout qui passe au-dessous d'elles.

On saisit la différence qu'il y a entre les grandes citernes précédemment étudiées et les salles G.-H. Les unes offrent un dispositif destiné à amener et à recueillir l'eau de pluie, les autres au contraire sont aménagées pour pouvoir être vidées rapidement de liquide. Tout indique que de véritables chasses devaient pouvoir être faites dans ces dernières. La section de plus en plus large des canaux secondaires, l'atténuation, par une courbe, de l'angle qu'ils formaient avec le canal collecteur, témoignent de la vitesse d'écoulement du liquide qui y était déversé.

Il est impossible de voir comment étaient fermés les orifices supérieurs, mais il est certain qu'ils ne recevaient pas l'extrémité inférieure de canaux venant des terrasses et dont on eut trouvé la place dans le mur comme cela se voit en *f*, *f'* et *j*.

On ne peut admettre non plus que la salle G. I. II. ait été à ciel ouvert et que les eaux de pluie y tombant étaient éconduites par ces canaux dont les dimensions sont pour cela beaucoup trop considérables, eu égard à la petite surface à desservir. J'ai en outre trouvé à l'intérieur de la salle de grosses masses en blocage qui ne peuvent provenir que d'une immense voûte d'arête pourvue d'un parapet s'élevant au-dessus d'elle.

Il faut noter que G. I. II est de plain-pied avec une série de salles situées sur son bord septentrional, tandis que le sol est à un mètre environ au-dessus de celui des réservoirs voisins. Cette différence de niveau est aussi faite pour surprendre. Si ces compartiments étaient des citernes, il serait tout à fait extraordinaire que dans les locaux d'une aussi grande surface l'eau n'ait pu s'y élever à plus d'un mètre; d'autre part si elle avait atteint une plus grande hauteur, elle eût dépassé le niveau du sol de la salle adjacente G I II, ce qui eût présenté de grands inconvénients. Enfin la coupe du monument montre que G I II aurait été placé entre deux catégories de citernes; les unes, septentrionales, ayant leur extrados au niveau de son sol, les autres ayant leur extrados plus élevé.

Peut-être d'ailleurs faut-il chercher dans cette différence peu considérable de niveau l'explication de la présence des canaux. Les citernes C à E auraient pu, à un moment donné, déverser en G H une grande quantité de liquide. Mais cette hypothèse est loin d'être satisfaisante, car on ne voit pas le but de cette disposition.

De l'autre côté de la grande salle qui traversait le monument il y avait une série de pièces construites de manière à lui garder toute sa symétrie.

La salle J s'ouvrait sur H par une baie large de 1ᵐ,30 dont les montants sont encore conservés en partie, les murs en ayant presque partout un mètre de hauteur. Elle a 6ᵐ,65 de côté sur 8ᵐ,70 et le sol en est cimenté. Elle est de plain-pied avec G H, ou tout au plus était-elle surélevée d'une marche. Au dessous d'elle s'étendent deux citernes voûtées. Elle ne correspond donc pas aux compartiments C D', mais à une salle qui aurait été placée à un niveau supérieur.

Dans un de ses angles un canal rectangulaire logeait autrefois un tube en terre cuite conduisant les eaux dans les réservoirs sous-jacents. Les tubes verticaux, qui n'existent plus, s'embouchaient, un peu avant de passer au-dessous du sol cimenté, dans un tuyau en terre cuite parfaitement conservé, à direction oblique, qui les continuait jusqu'à l'intrados de la citerne.

Dans l'angle opposé on voit, près d'une porte, l'orifice d'un puisard carré, mesurant 75 centimètres de côté. Il est accolé au mur de la pièce, dans lequel est ménagé un canal rectangulaire vertical qui abritait jadis les tuyaux amenant l'eau des terrasses dans le réservoir. Le puisard, qui traverse la voûte obliquement par rapport aux rayons de son cintre, est en un bel appareil de dalles plates disposées en voussoirs vers le milieu de ce dernier.

Quant aux citernes bien conservées qui sont au-dessous de cette pièce le sol en est à une bien plus grande profondeur qu'en C D'. L'une d'elles paraît intacte. Elles sont formées par deux compartiments que relie une petite porte très semblable à celles par lesquelles les compartiments C et C''' s'ouvrent sur N. Il est à remarquer que l'enduit qui en revêt les parois n'est pas ici, comme du côté opposé, en ciment de tuileaux. Il renferme de nombreuses particules de charbon, qui lui donnent une couleur d'un gris noirâtre. Il est intéressant de trouver dans un seul monument deux types d'enduit que l'on considère souvent comme d'époque différente. Je ne pense pas cependant que les murs qu'ils recouvrent ne remontent pas à peu près à la même époque.

La salle J s'ouvre par une belle porte large de 1ᵐ,65 sur une pièce en longueur K, au-dessous de laquelle s'étend une citerne. L'orifice de cette dernière, placé près de la porte, est aussi surmonté d'un long canal pour recevoir le tuyau d'adduction des eaux.

Un enduit de ciment formant le sol, sur l'extrados de la voûte de la citerne, est encore intact. Il devait évidemment se continuer dans toute la pièce, mais il a disparu dans les autres endroits où, au lieu de reposer sur de la maçonnerie, il avait pour support un simple remblai. Un rebord saillant indique d'ailleurs nettement quel était le niveau du sol antique dans cette salle et dans la voisine.

Il est possible que cette longue pièce ait été pourvue d'une ou deux larges baies s'ouvrant à l'extérieur et dont j'ai cru retrouver quelques traces.

La salle J' était complètement vide. Mais on y voit le rebord du soubassement indiquant, ici aussi, le niveau du sol antique.

Dans la salle L le sol était revêtu de carreaux en terre cuite formant un lit dont les bords reposaient, comme cela vient d'être indiqué pour J et K, sur un relief formé par le soubassement. La présence de ces carreaux noircis par la fumée m'avait fait espérer un moment que j'étais en présence des restes de *suspensurae*, quoique le sol de la pièce fût ici au niveau et non en contre-bas du rez-de-chaussée. Rien n'est venu confirmer cette idée.

Quelques-uns des blocs de maçonnerie écroulés à l'intérieur du monument méritent une courte mention. J'ai conservé non seulement tous ceux qui présentaient quelque détail intéressant, mais aussi ceux qu'il n'était pas nécessaire de faire sauter. J'ai même renoncé à dégager une partie de la salle G afin de permettre aux visiteurs de se rendre compte de la masse énorme de ces débris.

Deux groupes de blocs sont particulièrement remarquables. Ils formaient autrefois les murs extérieurs. Ils doivent d'avoir résisté à ce qu'ils étaient renforcés par des piliers, écroulés avec eux et dont la saillie est encore bien reconnaissable. La longueur totale de ces blocs permet de se rendre compte de la hauteur que devait avoir cet édifice. Elle est de 6ᵐ,50. Si on y ajoute l'élévation du mur qui les portait, on arrive à cette conclusion que le monument devait s'élever à au moins 8 m. de hauteur. Et il semble bien que ce chiffre ait quelque précision, car un des blocs extrêmes du groupe où se trouve le pilier porte les restes d'une terrasse cimentée, avec les débris d'un parapet qui devait apparemment former la partie la plus élevée de la construction.

La présence de piliers de renforts extérieurs relativement nombreux et épais indique également d'ailleurs la grande hauteur de cette dernière.

Pour compléter cette description je dois ajouter qu'il y a, à environ 40 mètres au N.-O. de ce monument, un aqueduc ou un égoût maçonné semblant se diriger vers lui, venant de la ville, et passant à peu de distance du sanctuaire punique.

Quelques cubes de mosaïque en calcaire rouge trouvés à l'extrémité orientale du couloir N et deux fragments d'inscription sont les seuls restes de l'ornementation de cet édifice qui aient été retrouvés.

L'un de ces derniers ramassé dans la salle C'''' offre les moitiés de deux hastes parallèles ayant eu environ 10 cm. de hauteur, gravées sur un plaque en marbre blanc de 7 mm. d'épaisseur.

L'autre fragment, large de 12 cm., haut de 9 cm., est épais de 1 cm. à son bord inférieur et de 25 mm. à son bord supérieur qui forme moulure. On y lit en lettres allongées et peu profondes, hautes de 7 cm. :

ANO

Ce débris a été trouvé dans la salle C'' qui n'a pas été complètement deblayée et où on pourrait en rencontrer d'autres. En outre dans une des salles on a trouvé une monnaie de Constantin.

Comme on le voit, ce monument, qui extérieurement était des plus importants par sa masse, n'a livré jusqu'ici aucun renseignement précis sur sa destination primitive.

Placé à la périphérie de la ville et au tournant d'une voie antique, il semble avoir été établi sur un mamelon rocheux que le soubassement aurait en quelque sorte enchâssé.

Par sa situation, par l'aspect imposant de ses masses de blocage comme par ses deux piliers cylindriques, qui ressemblent étrangement à des tours, il pourrait être pris, de prime abord, pour une forteresse.

Mais ni l'épaisseur de ses murs ni sa distribution ne me paraissent confirmer cette opinion.

La vue de certaines parties des voûtes, et l'aspect même de l'ensemble des ruines, m'ont fait penser tout d'abord que j'étais en présence de thermes. Mais on ne retrouverait ici qu'une partie des salles appartenant à ce genre d'établissement et les fouilles ont, ce me semble, été poussées assez loin pour qu'on n'ait plus que peu de chances de

Le Théatre.

retrouver un dispositif bien caractéristique, tel qu'un hypocauste, par exemple.

Dans ces conditions, on ne peut établir définitivement que
les conclusions suivantes.

Ce monument renfermait de vastes citernes destinées à
recueillir l'eau tombée sur les terrasses. Il est certain aussi
que la disposition en était telle qu'à un moment donné de
grandes quantités de liquide pouvaient être précipitées
dans les canaux adducteurs des pièces centrales.

Si en présence de renseignements aussi peu certains, il
m'était permis d'émettre une opinion, je dirais que je pen-
che toujours en faveur de thermes, en raison de la gran-
deur des réservoirs, de l'importance de l'écoulement des
eaux, et de la présence de carreaux en terre cuite comme on
en voit dans les salles de chauffe.

Toutes ces ouvertures dans une même salle donnent l'impression d'un vaste bassin que l'on devait pouvoir vider
rapidement.

En ce qui concerne la date à laquelle a été élevé cet édifice, et ceux qui l'ont construit, il me semble qu'il ne peut
y avoir de doute. L'aspect de la maçonnerie est celui de
tous les monuments romains de la région. La présence de
pierres volcaniques dans les voûtes, celle du ciment de
tuileaux, enfin l'appareil très régulier des portes des citernes
sont bien probants. Ce monument est certainement de l'é-
poque romaine.

Il est à désirer qu'un membre de la Société archéologique de Sousse reprenne un jour ces fouilles, dont la continuation pourrait peut-être renseigner plus complètement.

Si la plupart des salles ont été déblayées, il y a plusieurs
points qu'il serait très utile de voir plus attentivement que
je n'ai pu le faire, que j'ai d'ailleurs signalés en passant et
qu'on pourrait explorer très facilement en une ou deux
journées de recherches. Dans les chambres que je n'ai pu
déblayer on pourrait rencontrer d'autres inscriptions. Enfin

tous les débris de l'édifice qui, extérieurement, sont tombés au pied de ses murs n'ont pas été remués. C'est peut-être là que la moisson serait la plus riche.

D'autre part le travail le plus considérable et le plus pénible a été exécuté et je me proposais bien d'achever ce qui restait à faire quand j'ai dû quitter Sousse brusquement par suite de l'envoi de l'état-major du 4e régiment de tirailleurs à la Goulette. A défaut de documents nouveaux on pourra à peu de frais achever la toilette d'un édifice à plan très reconnaissable et offrant ce caractère très rare dans la région, de s'élever à plusieurs mètres au-dessus du sol, ce qui compléterait très heureusement l'enseignement fourni par les ruines du sanctuaire punico-romain, placées de l'autre côté de la voie.

III. — Théâtre (Pl. II).

L'édifice que l'on désigne sous le nom de théâtre est situé au sud-ouest de la ville, en A du plan, tout contre la tranchée de la voie ferrée. C'est ce monument que M. Molins, dans les descriptions qu'il en a données[1], considère comme une église, opinion qu'il faut probablement attribuer en grande partie au nom d'El Kenissia, qui veut dire église en maltais. On s'explique d'ailleurs, dans une certaine mesure, que l'hémicycle écroulé qui portait les gradins ait été pris pour l'abside d'un sanctuaire chrétien.

Le monument, ouvert au N.-E., a un diamètre extérieur de 45 mètres.

Contrairement à ce qu'on observe dans beaucoup de théâtres africains, les gradins sont supportés par des voûtes qui, ruinées par la base ou faute de résistance, se sont écroulées sur place.

1. *Atlas archéologique*, feuille de Sousse, p. 5, n° 71. *Bulletin archéologique, loc. cit.*

Leurs débris alignés dessinent parfaitement le demi-cercle. Au-dessous d'elles règne un couloir qui s'ouvre, à l'intérieur et à l'extérieur, par une série de portes permettant de pénétrer dans le monument ou d'accéder aux diverses précinctions.

L'état de destruction très avancé de l'édifice n'a pas permis de déterminer dans ses détails la disposition intérieure de l'hémicycle. J'ai pu y dégager seulement à la partie inférieure un mur demi-circulaire de 1^m,60 de hauteur. Cette élévation dans un théâtre de petites dimensions ne permet pas de penser qu'il s'agisse d'un *podium*.

Peut-être est-ce le pied-droit extérieur d'un couloir demi-circulaire ayant supporté l'extrémité inférieure des gradins.

La partie la plus élevée de la *cavea* qui subsiste actuellement et qui semble avoir été le sol de la *summa cavea* est actuellement à 5 ou 6 mètres au-dessus de l'orchestre, ce qui donne une hauteur totale de 8 à 10 mètres pour l'édifice.

Il a été retrouvé, au cours des fouilles, un certain nombre de pierres ayant formé les gradins, et je dois dire que leur forme, très caractéristique, m'a confirmé dans l'idée qu'il s'agit bien ici d'un théâtre.

J'ai attiré ailleurs[1] l'attention sur ce qui, dans ce pays, caractérise les gradins des théâtres et des amphithéâtres. Contrairement à ce qui a lieu dans les pays où la bonne pierre de taille abonde, les pierres au lieu d'avoir la forme d'un prisme quadrangulaire ont une section triangulaire.

C'est en quelque sorte, la moitié du gradin à six faces habituel et tel que ceux du théâtre de Thugga, scié en deux suivant un de ses plans diagonaux. Le calcaire qui les forme est d'ailleurs tout à fait semblable à celui du cirque d'Hadrumète.

J'ai eu le bonheur, rare en ce pays, de trouver en place

1. *Bulletin de la Société archéologique de Sousse*, 1903, p. 33.

deux pierres de taille courbes qui faisaient partie des gradins et probablement de la rangée inférieure de ceux-ci (*a* du plan).

Dans leur voisinage se trouve un réservoir cimenté circulaire de 2 mètres de diamètre sur 2^m,20 de profondeur, présentant une petite margelle de 55 centimètres de hauteur percée de trois échancrures pour l'écoulement des eaux. Ce réservoir construit en pleins gradins, ou plutôt à la place de ceux-ci, montre de quels remaniements tout l'édifice a été l'objet après la période romaine. Son enduit est en mortier à poussier de charbon. La grossièreté de sa façon et sa mauvaise qualité indiquent un travail arabe assez récent.

Aux deux extrémités de l'hémicycle, un passage voûté conduit en montant et directement à l'extérieur en passant sous les gradins. Cette partie est la mieux conservée de tout l'édifice. Les pieds-droits existent entièrement, ainsi qu'une certaine étendue des cintres dont l'intrados devait être à 2^m,60 au-dessus du sol. La longueur de ces passages est de 2^m,50.

Un égout (*b*) à section en berceau passe sous le *vomitorium* sud, semblant venir de la scène.

Un autre égout (*c*) a été trouvé dans l'orchestre, à une profondeur de 2^m,50, c'est-à-dire bien plus bas que le précédent, dont l'extrados formait le sol. Au point où il a été reconnu, il a une direction parallèle à celle du *prosceni pulpitum*. Il ne semble pas que ce canal appartienne au théâtre, en raison de sa grande profondeur. Il a dû faire partie de constructions bâties sur son emplacement avant lui.

C'est ainsi qu'on a trouvé près de là en *d* du plan, devant le débouché du vomitorium nord dans l'orchestre, un magnifique pilier en pierres de taille. Ce dernier n'est pas d'équerre avec les autres parties du monument. Si à l'époque du théâtre il avait été élevé au-dessus du sol, il eût barré le passage du vomitorium voisin. Le seul fait qu'il n'a pas été détruit prouverait d'ailleurs qu'il est plus ancien que lui : rasé par les Romains pour l'établissement de l'orchestre et recouvert sans doute par du remblai, il ne présentait plus rien d'apparent qui ait pu indiquer sa présence aux chercheurs de pierres arabes. De tels remaniements n'ont rien d'étonnant, surtout à El Kenissia où j'en ai trouvé de bien plus extraordinaires dans le sanctuaire punico-romain. Ce pilier pourrait donc très bien être le reste de quelque monument de l'époque punique ou des débuts de l'occupation romaine. Il est possible qu'il ait fait partie de l'enceinte qui devait passer de ce côté.

Avant de quitter la *cavea* je dois insister sur un détail de construction qui n'est pas sans présenter de réelles difficultés d'explications.

Dans le prolongement du pied-droit occidental du vomitorium sud, on voit en *e* un mur de 1^m,60 de hauteur qui semble couper l'orchestre parallèlement au *prosceni pulpitum* dont il est distant de 1^m,50. Il est difficile, à première vue, d'admettre qu'un mur de cette hauteur ait été placé en ce point, car il aurait empêché, semble-t-il, les spectateurs placés dans la partie inférieure de la *cavea* de voir la scène. Mais ce n'est là je pense qu'une apparence. On s'explique très bien la présence de ce mur, si l'on admet qu'il ait formé le bord, l'extrémité d'une série de gradins placés entre le mur courbe *f* de 1^m,60 de hauteur dont il a été question plus haut et le bord inférieur *g* de la *cavea*.

Le *prosceni pulpitum* est bien conservé sur presque toute la partie où il a été dégagé, mais toute son ornementation, qui devait être en enduit de mortier, a disparu. Il a actuellement une hauteur de 1 mètre. Je n'ai trouvé en arrière de lui, ni *proscenium*, ni trace de fosse pour le rideau, ni puits.

La largeur de ce *proscenium* est de 5^m,50.

Quant au *frons scenæ* qui est rasé presque complètement,

il est impossible de voir quelle était sa disposition. Le soubassement en est rectiligne, du côté de la scène, le seul où il ait été déblayé, mais il est possible qu'on y trouve de l'autre côté des traces d'escaliers, de murs courbes, etc.

Aux deux extrémités de la scène, et en dehors d'elle, on voit les fondations d'une petite pièce, ou de couloirs conduisant aux *postscenia*.

En arrière du mur du fond, règne un vaste espace quadrangulaire, mesurant 45 m. de largeur, sur 16 m. de côté vers le Sud et 32 m. de côté vers le Nord, dont l'intérieur n'a pas été exploré.

Néanmoins, deux tranchées y ont été pratiquées, l'une le long du mur sud, qui est simplement rectiligne, l'autre le long du mur du fond qui présente une disposition très curieuse.

On notera tout d'abord qu'il est très oblique par rapport au *frons scenæ*. Et cette constatation pourrait, de prime abord, faire croire que cet espace n'appartenait pas au théâtre. La liaison des murs de la construction et surtout la disposition des saillies dont il va être question me font cependant admettre qu'ils ont fait partie du même ensemble.

En effet, ce mur, qui repose sur un soubassement rectiligne, présente trois renfoncements courbes ou exèdres, séparés par des renfoncements rectangulaires. A l'intérieur de chacun d'entre eux fait saillie un massif de maçonnerie rectangulaire, à l'exception de l'abside médiane, plus grande que les deux autres, qui n'en a pas.

On a l'impression bien nette, mais non la certitude, qu'il y avait là une série de niches flanquées de colonnes et abritant sans doute des statues, entre lesquelles s'élevaient d'autres sculptures, dont les massifs rectangulaires étaient les bases. Il est probable que dans la courbe centrale il y avait une socle dégagé, placé en avant.

L'examen de la coupe horizontale de ce mur met en relief de la manière la plus évidente la ressemblance avec celle

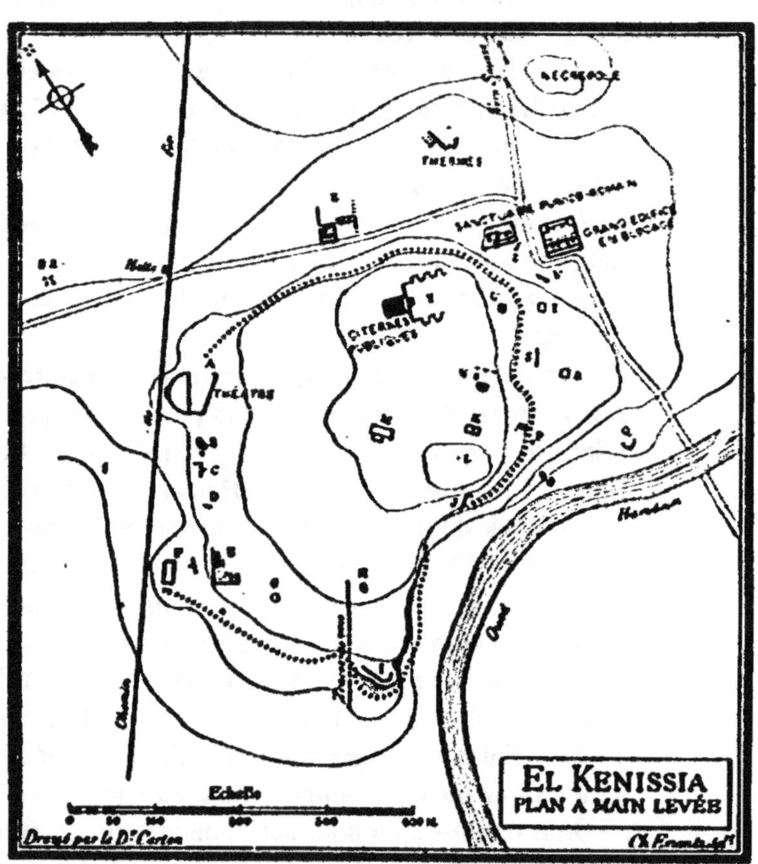
NÉCROPOLE
THERMES
SANCTUAIRE PUNICO-ROMAIN
GRAND EDIFICE EN BLOCAGE
CITERNES PUBLIQUES
THÉÂTRE
Oued
Echelle
0   50   100   200   300   600 M.
EL KENISSIA
PLAN A MAIN LEVÉE
Dressé par le D.r Carton

du mur du *frons scenae* d'un grand nombre de théâtres, en particulier ceux de Pompéi et de Thugga, et aussi celle de leur *proscenii pulpitum*. Et cette constatation est, à mon sens, un argument très probant pour la détermination de l'édifice.

On a vu, par exemple, à Thugga que cette disposition ou, si l'on veut, cette ornementation se répète sur plusieurs murs parallèles. Comme on ne saisit pas ce qui aurait pu, ici, déterminer la construction d'un mur semblable, on est en droit de penser que ces trois renfoncements courbes correspondaient aux trois portes du fond de la scène.

Ceci permet de se faire une idée de l'aspect qu'offrait *le frons scenae* du théâtre d'El Kenissia, quoiqu'il ait actuellement complètement disparu.

Enfin, on sait que derrière la scène des théâtres antiques il y avait des gymnases, des promenoirs. C'est apparemment quelque annexe de ce genre qui existait ici.

Tout ce monument a été construit en blocage. On sait combien la pierre de taille est rare dans le pays. Encore, celle qu'on y employait et qui était un calcaire trop tendre ou schisteux, ou un calcaire coquiller très poreux, se prêtait-elle mal à un travail soigné.

Il était donc difficile, sinon impossible, de décorer les édifices de ces sculptures en pierre si abondantes dans d'autres parties de l'Afrique.

Pour obtenir un résultat semblable, mais combien moins durable, on a, dans les villes antiques du Sahel, remplacé très fréquemment la sculpture par le moulage. On a même été, au sanctuaire punico-romain d'El Kenissia, jusqu'à faire de cette manière des stèles en calcaire coquiller, revêtues de stuc.

On comprend que dans ces conditions on ne trouve plus beaucoup de restes de ce mode d'ornementation. Les sculptures en un mortier ou en un enduit fragile ont été mises en miettes, et les pierres prises par les Arabes comme matériaux de construction, ou pour faire de la chaux. On se rend d'ailleurs bien compte du sort qu'a subi presque tout le monument, en constatant, auprès du vomitorium nord, sous les gradins, c'est-à-dire en plein monument, la présence d'un grand four à chaux.

Je n'ai, en somme, retrouvé qu'une seule pièce ayant orné l'entablement de la scène. C'est une partie de corniche, longue de 48 cm., large de 52 cm., épaisse de 25 cm. On l'a simplement dégrossie : les moulures, les modillons, sont représentés par de simples et grossières saillies. C'est sur ce squelette que le stuc appliqué permettait de représenter les rosaces, les fleurons, les volutes, etc.

Du côté opposé à la scène les vomitoria qui supportaient les gradins s'ouvraient, sur la convexité de l'hémicycle, par des baies cintrées formant portiques. On a retrouvé la partie inférieure de deux de ces portes dans le mur *i*, le seul point du mur extérieur du théâtre qui ait été dégagé. Il est probable que si on continuait à déblayer ce mur courbe on mettrait à jour une série de pieds-droits de ce genre, ce qui ajouterait certainement un réel intérêt à la vue qu'offre un édifice aussi détruit.

En *j*, il semble qu'il y ait eu une construction en saillie sur la courbe du portique. Elle se prolonge même jusqu'à la tranchée du chemin de fer dans laquelle on voit la coupe d'autres murs.

J'imagine qu'il y avait en ce point quelque portique ou quelque escalier extérieur conduisant à la partie la plus élevée de la *summa cavea*. Il n'y a d'ailleurs pas été fait de recherches.

Espérant que la continuation de cette fouille, que je n'avais pas pu terminer, tenterait quelqu'un, j'ai quitté Sousse en laissant à découvert les parties dégagées. Le terrain a été depuis complètement nivelé à la suite de réclamations du propriétaire.

IV. — AUTRES ÉDIFICES (PL. III).

En dehors des monuments dont il vient d'être question, et qui ont été l'objet de fouilles méthodiques, il a été pratiqué, en différents points de la petite cité antique, des sondages qui ont permis d'en esquisser la topographie.

A environ 30 mètres au Sud du théâtre, on voit le *sol d'une antique demeure* orné d'une mosaïque à dessins géométriques (B du plan).

A 100 mètres vers le sud-est, un monticule inculte offre (E) les restes d'une construction très importante. On y voit, au ras du sol des murs revêtus d'un enduit en ciment de tuileaux ayant limité plusieurs petits bassins. Y avait-il ici des *bains publics* ou bien quelque établissement industriel : huilerie ou pressoir? C'est ce que des fouilles pourraient sans doute déterminer.

Un simple sondage, fait dans une de ces petites pièces, a permis d'en retirer un très grand nombre de fragments de stuc coloriés, de tuiles faîtières et de grandes tuiles à rebord.

Ces dernières sont percées, au voisinage de leurs angles, de trous ayant servi à passer les fils de plomb destinés à les fixer sur un toit. Quatorze de ces fils, pesant ensemble plus de 2^{kg},500 ont été retrouvés. Gros en moyenne comme le petit doigt, ils sont de forme légèrement conique et présentent une série de faces planes longitudinales montrant qu'ils ont dû être, non passés à la filière ou fondus, mais découpés dans une lame de métal.

L'extrémité la plus grosse en a en outre été complètement aplatie par un coup de marteau. Cette espèce d'élargissement avait sans doute pour but de l'arrêter quand on le passait au travers de la tuile. La longueur de chaque fil est d'environ 50 centimètres. Son épaisseur est à une extrémité de 3 mm. et à l'autre de 6 mm. La partie aplatie formant tête a 15 mm. de largeur sur 1 mm. et demi d'épaisseur.

Plusieurs de ces fils étaient encore fixés à l'une des tuiles, et tordus ou noués comme on les avait laissés après la fixation. Il est facile de voir d'après le diamètre de l'anneau circonscrit par eux, qu'ils ne servaient qu'à réunir les tuiles entre elles et non à les fixer à la charpente.

Ces tuiles, quatre fois plus grandes que les nôtres et chargées du mortier servant à y faire adhérer le couvre-joints, devaient former un ensemble assez lourd pour n'avoir pas besoin d'être attachées à leur support.

Le point où ont été trouvés tous ces vestiges est un de ceux d'El Kenissia où les recherches pourraient donner les résultats les plus intéressants. Il n'a certainement pas été fouillé, car si les Arabes y avaient trouvé du plomb, ils n'en eussent pas laissé.

Comme il doit s'agir de thermes on aurait quelques chances d'y trouver des mosaïques et des sculptures.

Au N.-E. de la ville, à 40 mètres du chemin qui conduit de la gare au sanctuaire punique, on a mis à jour de petits *thermes privés* (X du plan). Une pièce, de dimensions restreintes avec ses piliers en carreaux ayant supporté les grandes tuiles de l'hypocauste ne laisse aucun doute à ce sujet.

A côté de cette salle on en a dégagé deux autres, l'une décorée d'une mosaïque à ornements géométriques, l'autre offrant une niche dont le sol était revêtu d'une belle plaque en marbre blanc.

Plusieurs sculptures trouvées en ce point indiquent que le monument avait une réelle richesse. Une épaisse plaque en marbre blanc porte de magnifiques rinceaux profondément fouillés et ayant sans doute appartenu au chambranle d'une porte.

Au même endroit, deux fragments de tuile portaient l'un

une estampille circulaire indéchiffrable, l'autre deux *R* renversés et tracés avec une pointe mousse.

Sur le bord nord du plateau où a dû être bâtie la ville primitive, presque immédiatement au-dessus du sanctuaire punique, s'élève un ensemble d'une disposition très intéressante (Y), et qui avait été pris pour des thermes par M. le capitaine Molins. Mes propres recherches m'ont amené à une autre interprétation.

Il est de prime abord difficile d'admettre que, dans une ville où il n'y avait pas d'aqueduc amenant des eaux de source, on ait placé un tel établissement à un niveau aussi élevé. Il n'aurait pu à cet endroit être alimenté que par les eaux tombées sur la surface, restreinte en somme, de la partie culminante du plateau. Placé à un niveau plus bas, là où est par exemple le grand édifice étudié au début de ce mémoire ou bien encore dans la construction qui porte la lettre E sur le plan, il eût pu recevoir les eaux de l'Oued Hamdoum, par un barrage et une conduite dont il existe peut-être des restes aux environs du bassin Q.

En admettant qu'il y ait eu dans ces citernes une réserve de liquide très importante, on avait intérêt à la conserver pour les besoins des édifices publics et des habitants, une telle élévation permettant la distribution.

Quoi qu'il en soit, cet ensemble comprend une *esplanade rectangulaire*, tournée et ouverte vers l'Est, mesurant 50 m. sur 70 m. Au fond du rectangle se trouvaient les *citernes publiques*, en blocage, et encore bien reconnaissables. Elles se composaient de six compartiments parallèles entre eux et perpendiculaires à un autre compartiment placé en avant. Cantonné par des piliers de renforts en blocage mesurant 1 m. de section, ce réservoir a 25 m. de front sur 28 m. de côté. En attribuant aux compartiments une profondeur de 5 m., ce qui est une dimension moyenne pour ce genre de construction, on peut calculer que l'on pouvait y emmagasiner la réserve très importante de 3.500 mètres cubes.

Ce monument présente, au milieu de sa partie antérieure, un massif de maçonnerie qui semble avoir fait partie d'une fontaine, d'un nymphée versant l'eau du côté de la place rectangulaire voisine.

Cette dernière était entourée d'un mur ayant sans doute soutenu un portique, en arrière duquel s'ouvraient, de chaque côté des citernes publiques, de petites chambres rectangulaires, dont le sol était revêtu ici de mosaïques assez fines, à petits cubes en verre bleu, là de mosaïques à grands rectangles, en calcaire ou en brique, longs de 4 cm., larges de 2 cm., formant un espèce d'entrelacs ou de réseau de trois couleurs : rouge, bleu, blanc. C'est un genre d'*opus musivum* assez employé dans la région. Je l'ai retrouvé à Sousse, ainsi que dans une ruine située le long de la route d'Hadrumète à Carthage, un peu au delà de l'oued Blibâne [1].

Au-dessous de plusieurs de ces chambres il y a des citernes ou des caveaux revêtus de ciment de tuileaux. L'ornementation de ces petites pièces, qui n'ont que 2 à 3 m. de côté, était d'ailleurs extrêmement riche. Les murs en étaient revêtus de plaques de marbres de diverses couleurs, de fresques aux tons bleus, roses et jaunes. J'y ai trouvé des fragments de marbre, sculptés, en moulures, oves, perles, qui quoique très brisés permettent de se faire une idée de leur décoration.

Ces petites chambres, qui se font face et se correspondent de chaque côté de l'espace rectangulaire montrent, à n'en pas douter, qu'il y avait ici un ensemble comprenant des parties symétriques.

On n'y trouve d'autre part aucun de ces vastes locaux, de ces sous-sols, de ces conduites, de ces énormes masses de blocage qui révèlent habituellement l'emplacement de thermes.

Il y avait, en somme ici une vaste esplanade entourée

1. Voir *Bull. de la Société archéologique de Sousse*, 1904, p. 189.

probablement d'un portique et ouverte à l'Est. Au fond de cette place se trouvait une *fontaine* adossée aux citernes publiques et sur chacun de ses longs côtés était une série de chambres très richement décorées. Était-ce un nymphée, ou un *macellum*, quelque sanctuaire ou place publique ? C'est ce qu'il est difficile de dire sans plus de recherches. Mais cet ensemble mériterait d'être l'objet d'une exploration méthodique. Quelque peu enfoui qu'il soit (le sol antique n'est dans les chambres qu'à 1 m. de profondeur), il n'a certainement pas dit son dernier mot et les beaux débris qu'on y a trouvés indiquent bien qu'on n'y a jamais fait de fouilles complètes. Il doit y avoir quelques coins inexplorés qui livreront peut-être une mosaïque, un grand fragment de statue ou des inscriptions permettant de reconnaître ce qu'étaient ces constructions.

A environ 100 m. au sud-est de cet espace, un sondage a fait découvrir le soubassement d'une *abside* (N), de 3 m. de diamètre, regardant au Nord, et en avant de laquelle, à 15 mètres environ, s'élève un mur parallèle à son bord antérieur percé de trois ouvertures.

On a trouvé en ce point un véritable amoncellement de plaques de marbre très riche et de toutes couleurs. Plusieurs membres de la Société archéologique de Sousse, venus pour visiter ces ruines, n'en ont pas compté moins de douze variétés différentes. La plupart sont des débris de tablettes qui étaient appliqués contre le mur. Un certain nombre d'entre eux portaient des inscriptions.

Un premier groupe de ces fragments constitue une série nettement distincte dans laquelle les lettres très élégantes ont les mêmes dimensions et la même forme. Elles occupent presque toute la hauteur d'une bande de marbre blanc, haute de 95 mm. épaisse de 11 à 20 mm. Les caractères ont 8 cm. de hauteur.

1° Fragment de 25 cm. de longueur, épais de 15 mm., large de 95 mm.

VG • [

2° Fragment à cassures obliques, long de 10 cm., épais de 2 cm., large de 95 mm.

S A

3° Fragment de 12 cm. de longueur, épais de 1 cm., large de 9 cm.

D • '

Les points des inscriptions 1 et 3 ont une forme triangulaire.

4° Fragment de 7 cm. de longueur, épais de 1 cm., large de 9 cm.

D

5° Fragment coupé obliquement à droite, long au milieu de 75 mm., épais de 1 cm., large de 9 cm.

TI

6° Les fragments précédents semblent donc avoir appartenu à la même inscription ; le suivant est une tablette longue de 20 cm., épaisse de 25 mm., haute de 15 mm. Elle est brisée à gauche. Hauteur des lettres : ligne 1 = 35 mm., ligne 2 = 30 mm.

VNDVS FLAM • PERP
AMPLIVS DE SUO

7° Fragment de tablette semblant appartenir à la même inscription que le précédent, quoiqu'il n'offre qu'une ligne. Même forme de caractères, même hauteur de la tablette qui cependant n'a que 22 mm. d'épaisseur. L'inscription n'occupe que la moitié supérieure.

VS ADLECTVS

8° Fragment de tablette de 16 mm. d'épaisseur.

OB HONorem

A l'ouest de la tranchée dans laquelle ont été trouvés
et l'abside et ces débris d'inscriptions, la coupe du terrain
montre la superposition de deux sols cimentés, les constructions ayant été sans doute reconstruites à des époques
et à des niveaux différents.

Le sol cimenté supérieur offre un détail à noter, ce sont
trois trous rectangulaires placés en ligne et semblant
avoir eu pour destination de recevoir des montants en
pierre ou en bois.

Les recherches ont été abandonnées ici en pleine trou-
vaille et il est possible qu'en remuant encore, comme cela
a été fait tout à l'entour, le sol jusqu'à 1ᵐ,50 de profondeur on trouve des fragments d'inscriptions plus complets
que ceux qui précèdent, et dont l'un pourrait donner le
nom de cette antique cité qui n'a pas encore pu être iden-
tifiée. Je signale ce point à toute l'attention des chercheurs.
Une quinzaine de journées de travail avec un seul homme
consciencieux pourrait donner des résultats.

Enfin à 50 m. au sud-est de ce point, en J', on a mis au
jour le sol cimenté de plusieurs pièces ayant appartenu à
une habitation dont il est très facile de reconnaître la distribution. Détail curieux et qui montre à quel point ont été
poussées et la recherche des édifices et la destruction des
pierres de taille, les murs ont été détruits jusque dans
leurs fondations, et leur emplacement au lieu d'être indiqué par une élévation du sol, offre une tranchée.

Nécropole. — Un monticule situé au N.-E. des ruines à
100 mètres environ du sanctuaire punico-romain renfermait des tombes bouleversées depuis longtemps et dont la
disposition n'a pu être relevée. Tout ce qu'on peut dire
c'est que sous le massif en maçonnerie et intimement liés
à lui les ossements incinérés étaient abrités, ou par des
débris de grandes jarres, ou par des tuiles placées en che-

vrons. Plusieurs lampes romaines, les unes pourvues d'anse, les autres sans anse en poterie fine, ont été trouvées dans la terre. Je n'ai pas pu les étudier.

V. — Explication du plan (pl. III).

En dehors des restes de constructions qui ont été décrites ci-dessus on en trouve un certain nombre que je me bornerai à signaler brièvement en donnant une légende du plan à main levée que j'ai fait des ruines d'El Kenissia.

A. Théâtre.

B. Mosaïque.

C. Murs, l'un de 14 m., l'autre de 12, en équerre, bouche de citerne.

D. Mur de 6 m. de longueur.

E. Établissement où ont été trouvés les liens en plomb. Il comprend plusieurs bassins et des salles voûtées dont le cintre est écroulé, notamment une piscine de 2ᵐ,50 de côté. Au pied de la paroi S.-E. est une marche courant sur toute la longueur de la paroi. C'est dans cette pièce qu'ont été trouvées les tuiles à liens de plomb.

F. Construction formée : 1° d'un mur en rectangle de 12 m. ✕ 20 m. à 20 m. de la voie ferrée ; 2° à 16 m. plus haut, d'un mur de 0ᵐ,70 d'épaisseur, et de 20 m. de longueur, orienté N.N.E-S.S.O. Un autre mur de 10 m. de longueur qui lui est perpendiculaire est à la base d'un monticule contournant le monument *b*. Il y a une citerne en forme de silo à quelques mètres au Sud. Il semble que l'on soit ici en présence d'une enceinte de la ville. On peut suivre d'ailleurs une série de levées de terre, d'éminences ou de talus qui semblent en être les restes et qui ont été indiqués par une ligne de croix dans le plan.

G. Mur de 1 m. de longueur et de 1 m. de hauteur, en blocage.

H. Fouille faite pour la recherche de la pierre et montrant deux pièces au sol cimenté, au fond d'un trou. A l'Est, talus escarpé où le sol est jonché de débris de tuiles, de fragments de lampes. C'est probablement de ce côté qu'on trouverait la plus ancienne nécropole de la ville.

I. Murs épais en blocage semblant avoir été un bastion comme F. A l'Ouest un talus escarpé dans le prolongement de ces murs doit indiquer la place de l'enceinte. Auprès de là, une dépression longitudinale doit correspondre à l'emplacement d'une rue et d'une porte.

J. Mur long de 6 m. avec angle.

K. Deux pièces au sol cimenté dont les murs ont été enlevés jusqu'à leurs fondations.

L. Point culminant de toute la colline où s'élèvent les ruines.

M. Fouilles pour la recherche de la pierre ayant mis à jour des murs, une citerne de 25 m. de longueur sur 8 m. de largeur, avec une petite citerne voûtée en berceau accolée.

N. Abside autour de laquelle ont été trouvés les fragments d'inscription et les marbres. Fouille à continuer à cause des intéressants débris qu'on y trouve.

O. Massif de maçonnerie dominant l'oued et dans le prolongement d'une voie descendant de la ville. C'est probablement l'amorce de la culée d'un pont. Le forum semble avoir été à l'ouest ou au nord de ce point.

P. Tombeau en forme de caisson demi-cylindrique.

Q. Mur courbe ayant dû appartenir à un bassin. Il a encore près de 1^m,50 de hauteur. Il est à une vingtaine de mètres de l'oued.

R. Chambre avec mur et sol cimenté de 4 m. de côté.

S. Mur long de 20 m. orienté N.E.-S.O.

T. Mur haut de 1 m. circonscrivant une chambre de 7 m. de côté.

U. Mur au bord du talus de la route.

X. Construction très étendue couvrant une surface de 45 m. de côté.

Y. Citerne publique et macellum?

Z. Aqueduc.

ANGERS. — IMP. A. BURDIN ET Cie, 4, RUE GARNIER.